ÜBERWINDUNG MEINES VAGINISMUS OHNE DILATATOREN

Maria Gonzalez

INHALT

WER BIN ICH?

Hallo, liebe Leserin! Ich möchte mich dir kurz vorstellen. Ich bin weder Therapeutin noch Psychologin. Die allererste Rezension der spanischen Originalausgabe dieses Buches war tatsächlich der Angriff eines Sexualwissenschaftlers – einfach, weil ich keine professionelle Beraterin bin. Tja, ich bin „nur" eine Frau, die selbst jahrelang unter Vaginismus gelitten hat. Viele Jahre lang habe ich vergeblich nach einer Lösung gesucht. Deshalb weiß ich genau, wie du dich fühlst. Ich weiß, dass du dieses Buch liest, weil du unbedingt einen Ausweg finden willst. Vielleicht hast du schon alles Mögliche versucht, vielleicht stehst du auch ganz am Anfang. Wie auch immer: Ich hoffe von ganzem Herzen, dass du hier die Stimme einer Freundin findest, die dir weiterhelfen kann. Das wünsche ich mir wirklich sehr.

Ich möchte keineswegs den Arztbesuch ersetzen. Ich hoffe einfach, dass dieses Buch dir dabei hilft, den ersten Schritt aus dieser Situation heraus zu machen. Und glaub mir: Der erste Schritt ist der wichtigste. Ich habe mich dazu entschlossen, meine Geschichte zu teilen, weil es aus persönlicher Sicht da draußen kaum echte Hilfe gibt. Ich habe zwar von Frauen gelesen, die erzählten, wie glücklich oder unglücklich sie sich fühlten – aber sie haben nie erklärt, wie sie das Problem letztendlich gelöst haben oder woran es genau gescheitert ist. Ich weiß, dass das Thema schambehaftet ist und meistens totgeschwiegen wird. Genau deshalb möchte ich hier einige wirklich hilfreiche Informationen mit dir teilen. Ich werde mich so klar wie möglich ausdrücken und mit dir von Frau zu Frau sprechen – wie mit einer guten Freundin. Ich habe selbst nie mit jemandem darüber gesprochen, daher ist dieses Buch auch für mich ein wichtiger Schritt.

WANN HAT MEIN VAGINISMUS BEGONNEN?

Ich erzähle dir jetzt, wie das mit dem Vaginismus bei mir angefangen hat. Vielleicht kommt dir das bekannt vor, vielleicht auch nicht. Aber ich bin mir sicher, dass das Problem immer eine Ursache hat – und die Hauptursache ist schlichtweg Desinformation. Als kleines Mädchen hatte ich keine Ahnung von meinem eigenen Intimbereich. Ich erinnere mich an eine einfache Zeichnung in einem Schulbuch, da war ich etwa zehn Jahre alt. Die Vagina war dort wie ein ganz enger Kanal dargestellt. So erfuhr ich überhaupt erst, dass wir da unten angeblich so etwas wie einen Gang haben. Tja, drei Jahre später – ich war inzwischen dreizehn – versuchte ich zum ersten Mal, einen Tampon zu benutzen. Es war Sommer und ich wollte unbedingt ins Freibad gehen. Also kaufte ich Tampons, las die Packungsbeilage und schloss mich im Badezimmer ein.

Damals waren Tampons im Grunde nur ein rundes, hartes Stück gepresste Watte. Ich fand die Anleitung total verwirrend: „Versuchen Sie, sich zu entspannen, und führen Sie den Tampon in Richtung des unteren Rückens ein." Ich dachte mir nur, dass das doch einfacher sein müsste – so wie der Eingang des Kanals, den ich in meinem Schulbuch gesehen hatte. Ich nahm also einen Tampon und setzte ihn dort an, wo ich meine Vagina vermutete. Dann drückte ich. Aber... es fühlte sich an, als gäbe es dort überhaupt keinen Gang. Ich drückte noch einmal, ohne genau zu wissen, wo eigentlich, und hatte das Gefühl, gegen eine geschlossene Wand zu rennen. Es war eine seltsame und unangenehme Erfahrung.

Ich hatte mich bis dahin nie mit meiner Vagina beschäftigt, obwohl ich sehr wohl wusste, wo meine Klitoris war (nicht, dass ich sie mir jemals im Spiegel angeschaut hätte) und ich durch Reibung auch schon Orgasmen erlebt hatte. Ich musste meine Vagina gar nicht berühren, um Lust zu empfinden. Deshalb wusste ich einfach nicht, wie sie funktionierte, wie sie aussah oder sonst irgendetwas. Ich gab den Versuch schließlich auf und rührte Tampons erst einmal eine ganze Weile nicht mehr an. Damenbinden wurden zu meiner einzigen Option. Außerdem war meine Periode damals ohnehin immer so schmerzhaft, dass mir zum Schwimmen sowieso die Energie fehlte.

Ich hatte damals keinen Freund und Sex war für mich überhaupt kein Thema. Als Teenager hatte ich noch kein Internet und ich habe mit niemandem über mein Problem gesprochen. Also habe ich meine Vagina für die nächsten drei Jahre erst einmal komplett ausgeblendet.

MEIN PROBLEM WURDE IMMER ERNSTER

Ich war 16 und dachte mir, dass es so nicht weitergehen kann. Es war wieder Sommer und ich fuhr für ein paar Tage an den Strand. Genau zu der Zeit bekam ich meine Tage und wollte unbedingt schwimmen gehen. Meine Periode war damals so schmerzhaft, dass mein Arzt mir die Pille empfahl, um das Problem in den Griff zu bekommen. Da ich mich damit viel besser fühlte als vorher, sagte ich mir, dass ich jetzt endlich anfangen sollte, Tampons zu benutzen.

Es war ein großer Schritt. Die Art von Schritt, die wir machen, wenn wir einen wirklich wichtigen Grund haben – sei es das Schwimmengehen oder vielleicht auch eine Schwangerschaft. Vielleicht hat man die Situation aber auch einfach nur satt, weil man spürt, dass etwas im eigenen Leben nicht normal ist. Auch das Gefühl „Ich will einfach so sein wie alle anderen" ist eine unglaublich starke Motivation. In meinem Fall war der Versuch, wieder Tampons zu benutzen, ein Schritt in die richtige Richtung. Aber leider ging es aus demselben Grund schief: Desinformation. Ich schnappte mir die Tampons und ging auf die Toilette. Ich atmete tief durch und versuchte, mich zu entspanspannen. Ich hielt den Tampon mit der Spitze an den Eingang meiner Vagina. Ich dachte mir: Das kann doch nicht so schwer sein, alle anderen Mädchen scheinen das doch auch völlig mühelos hinzubekommen.

Der Tampon war besser als der, den ich drei Jahre zuvor ausprobiert hatte – er war weicher und hatte einen Applikator. Mein eigenes Blut wirkte wie ein Gleitmittel und irgendwie flutschte der Tampon ein kleines Stückchen hinein. Ich freute mich schon, weil es ein Fortschritt war, aber gleichzeitig fühlte es sich einfach nicht gut an. Dieses Ding in mir zu spüren, war extrem unangenehm. Plötzlich wurde mir ganz anders, mir schwindelte sogar. Ich weiß, es klingt vielleicht lächerlich, aber ich musste mich auf den Boden setzen, weil ich Angst hatte, ohnmächtig zu werden. Es war so beklemmend, dass ich das Ding einfach nur noch loswerden wollte. Doch dann fiel mir die Anleitung wieder ein: „Wenn man den Tampon spürt, sitzt er nicht richtig. Man muss ihn weiter einführen …" Na toll. Der Tampon steckte also irgendwo dazwischen fest – weder ganz drin noch draußen. Also zog ich ihn wieder heraus, obwohl sich meine Vagina irgendwie total verkrampft anfühlte. Ich zog kräftig und es war … oh Gott, so unangenehm! Heute weiß ich, was damals los war: Meine Vagina zog sich reflexartig zusammen, und genau deshalb habe ich überhaupt so extrem gespürt, dass da etwas in mir steckte.

Es war eine so schreckliche Erfahrung, dass ich mir schwor, meine Vagina für immer zu vergessen. Aber im Nachhinein muss ich sagen, dass es trotzdem ein wichtiger Schritt nach vorne war. Es war das erste Mal, dass ich überhaupt etwas verändert hatte, und genau an diesen Moment habe ich angeknüpft, als ich Jahre später wieder mit dem Problem konfrontiert wurde. Doch bis dahin sollten noch viele Jahre vergehen – um genau zu sein, ganze 20 Jahre …

ZWEI JAHRZEHNTE OHNE SEX

Natürlich konnte ich unter diesen Umständen gar nicht daran denken, ganz normale Dinge zu tun – wie einen Partner zu haben, schwanger zu werden und so weiter. Also habe ich meine Zeit erst einmal komplett ins Studium und danach in die Arbeit gesteckt, mich mit Freunden getroffen … Sex existierte für mich einfach nicht, es gab nur die Selbstbefriedigung.

20 Jahre sind eine lange Zeit, und wir bleiben nun mal nicht ewig jung. Ich weiß nicht, ob ich mir damals selbst etwas vorgemacht habe, weil ich dachte, dass ich mich einfach nicht für Jungs interessiere, oder ob ich glaubte, ich sei ein hoffnungsloser Härtefall. Jedenfalls vergingen die Jahre, und ich habe mich nur ein paar Mal in meiner Fantasie verliebt. Richtige Dates hatte ich kaum. Meinen ersten Kuss hatte ich mit 18, und ich habe dieses Erlebnis gehasst. Sein Atem war ekelhaft und ich mochte dieses feuchte Gefühl auf meinen Lippen überhaupt nicht. Ich habe ihn nie wiedergesehen. Meinen nächsten Kuss bekam ich erst mit 35, und zum Glück war es dieses Mal ein schöner Moment. Aber mein Sexualleben war praktisch nicht existent.

In den übrigen Bereichen war mein Leben ganz normal. Ich arbeitete, traf mich mit Freunden und so weiter, ich hatte das Gefühl, dass ich alles tun konnte, außer meine Vagina zu benutzen. Das Internet war bereits ein Begleiter in meinem Leben und ich hatte dank der Online-Informationen viele Dinge gelernt. Es war erstaunlich und tröstlich, als ich herausfand, dass Vaginismus für viele Frauen ein Problem ist. Penisfunktionsstörungen sind ein weithin diskutiertes und bekanntes Thema, aber es scheint, als hätten Frauen keine Probleme beim Geschlechtsverkehr. Vielleicht ist es ein großes Problem, von dem viele Frauen betroffen sind, aber wenn sie nicht darüber sprechen, weiß es niemand. Ich muss zugeben, dass ich nie ärztliche Hilfe in Anspruch genommen habe. Und als der Mann meines zweiten Kusses nach ein paar Versuchen wusste, warum ich keinen Sex mit ihm haben konnte, musste ich seine Ablehnung und seinen Spott ertragen. Das war hart und frustrierend. Aber fangen wir mit dem ersten Ort an, an dem ich etwas Trost und „Gesellschaft" fand: das Internet.

VAGINISMUS IM INTERNET

Als ich nach Informationen über Vaginismus suchte, stieß ich auf Foren. Ich las alles, was ich über das Problem in Erfahrung bringen konnte, und lernte Methoden kennen, um es zu überwinden. Aber ich hatte das Gefühl, dass sie in meinem Fall völlig nutzlos waren. Um ehrlich zu sein, glaube ich, dass diese Methoden am Anfang gar nicht funktionieren können. Ich meine, diese Behandlungs-Kits ... Was zum Teufel ...! Wer denkt sich denn bitte so etwas Lächerliches aus? Als ob man das Problem der „Enge" dadurch lösen könnte, dass man etwas an einer Stelle einführt, wo es offensichtlich gerade überhaupt nicht hingehört! Ich finde, das ist absolut keine Methode für den Anfang. Aber es wird einem als der beste und einzige Weg verkauft, um Vaginismus zu überwinden. Traurig und absurd, wenn man mich fragt. Es ist doch nur ein Stück kaltes Plastik, das absolut nichts mit einem echten Penis zu tun hat. Klar, viele Frauen benutzen dieses Zeug, wenn sie allein sind, aber ich bleibe dabei: Es ist nicht der perfekte Weg, um Vaginismus zu heilen. Es ist ein völlig fremdes Objekt. Man braucht etwas Vertrauteres – wie die eigenen Finger.

Außerdem sind diese Kits teuer und sie können einem das Gefühl geben, man bräuchte orthopädische Hilfsmittel, um eine ganz normale Frau zu werden. Die Lösung liegt nicht darin, Dinge in eine enge Stelle hineinzuzwängen. Es geht darum, diese Enge überhaupt erst verschwinden zu lassen – wie ich später noch erklären werde.

Es gibt Therapeuten, die das Problem angeblich lösen. Ich will sie gar nicht angreifen, denn ich habe es selbst nie bei einem von ihnen versucht. Aber das Thema ist einfach so schambehaftet, und am Ende sind sie eben auch nur Fremde. Das macht es kompliziert. Und ich bin mir sicher, dass nicht jeder Therapeut für jede Frau mit Vaginismus der richtige ist. Es ist ein körperliches, aber eben auch ein psychologisches Problem. Und wenn man sich vor einem Fremden schämt, ist das für den Heilungsprozess nicht gerade förderlich.

Also habe ich einfach immer weiter im Internet über Vaginismus gelesen. Bis ich meinen ersten Freund hatte und es nicht mehr verbergen konnte. Aber vorher muss ich dir noch von ein paar kritischen Momenten erzählen.

GYNÄKOLOGISCHE UNTERSUCHUNG

D a ich sexuell nicht aktiv war, dachte ich, ich müsste mich auch nicht untersuchen lassen. Aber meine Periode wurde sehr unregelmäßig, und ich tastete einen kleinen Knoten in meiner Brust ab. Mein Hausarzt überwies mich deshalb zu einer gynäkologischen Untersuchung. Als ich dort ankam, wurde ich zu meiner Überraschung aufgefordert, mich komplett freizumachen. Zuerst stellten sie mir ein paar Fragen, unter anderem zu meinem Sexualleben.

Ich sagte, ich sei 27, aber noch Jungfrau. Wir waren in einem Krankenhaus, die Ärztin war eine Frau und ein männlicher Medizinstudent war auch dabei. Die Ärztin verzog keine Miene, als sie das hörte, aber der Typ gab sich sichtlich Mühe, nicht loszuprusten. Sie sagte ihm, er solle uns für den nächsten Schritt allein lassen. Dieser bestand darin, einen Finger in meinen Anus einzuführen und mit der anderen Hand meine Eierstöcke durch die Bauchdecke hindurch abzutasten. Nach diesem peinlichen Moment, der ironischerweise kein großes körperliches Problem für mich war, schickte sie mich, halb nackt wie ich war, in einen anderen Raum, um meine Brüste zu untersuchen. Ich musste an dem jungen Studenten vorbeigehen, der jetzt in Begleitung von ein paar Leuten war, die ich gar nicht anzusehen wagte. Ich merkte jedoch, dass sie mich alle anstarrten, und ich war mir sicher, dass sich mein Geständnis, noch Jungfrau zu sein, wie ein Lauffeuer verbreitet hatte.

Gott sei Dank war der Knoten in meiner Brust harmlos, und das Problem mit meiner Periode wurde durch die Pille gelöst. Aber fünf Jahre später musste ich aus demselben Grund erneut zum Arzt. Diesmal war der Arzt ein Mann. Auch er erfuhr, dass ich noch Jungfrau war, und bat zwei Krankenschwestern, während der Untersuchung im Raum zu bleiben. Das war mir noch unangenehmer als beim ersten Mal. Wegen des Lakens über meinen Beinen konnte ich nichts sehen, aber ich spürte, dass er mich im Intimbereich berührte, also beschwerte ich mich. Er zeigte mir ein großes Wattestäbchen und meinte ganz überrascht, dass er mich doch nur damit berührt habe. Die Krankenschwestern redeten ununterbrochen auf mich ein, ich solle mich entspannen, wenigstens meinen Schließmuskel ... aber ich war komplett verkrampft. Also brach er den Versuch ab, und wir setzten uns an seinen Schreibtisch.

Er schrieb eine gefühlte Ewigkeit. Ich fühlte mich unwohl, war wütend und wollte einfach nur noch weg. Er sah mich an und fragte, ob irgendetwas mit mir nicht stimme. Ich antwortete, dass ich einfach ungern zum Arzt gehe – was ja auch stimmt –, und er fragte nicht weiter nach. Wenn ich heute daran zurückdenke, finde ich sein Verhalten absolut unverzeihlich. Ich meine, er gab mir weder einen Rat, noch versuchte er, mir irgendwie weiterzuhelfen – vielleicht, indem er mich an einen Spezialisten überwiesen hätte. Tja, so läuft das wohl manchmal ... Aber das Schlimmste stand mir erst noch bevor: meine dritte gynäkologische Untersuchung.

Ich muss erst einmal erklären, dass ich zu diesem Zeitpunkt schon zwei oder drei Finger in meine Vagina einführen konnte. Aber selbst da war es eine schreckliche Erfahrung. Ich konnte diese Finger ganz alleine einführen, und wenn so ein schwerer Fall wie meiner geheilt werden kann, dann versichere ich dir: Es gibt für jede Frau eine Heilung. Wir alle haben eine Vagina und wir können lernen, sie zu kontrollieren. Aber zurück zu meiner dritten gynäkologischen Untersuchung. Obwohl ich wegen des Knotens in meiner Brust mittlerweile beruhigt war, wollte ich ihn für die Zukunft im Auge behalten. Meine Ärztin meinte, ich müsse zuerst einen

Abstrich machen lassen. Ich verstand gar nicht, warum, denn ich war sexuell nicht aktiv und meine Periode war völlig in Ordnung. Aber sie sagte mir, das sei eine Routineuntersuchung für jede Frau. Also versuchte ich, mich auf diesen Moment vorzubereiten – der ein paar Monate später sein sollte –, indem ich meine Vagina trainierte. Ich musste sie dehnen wie nie zuvor, damit sie das Spekulum einführen konnten.

Der Tag kam, und ich erklärte, dass ich noch Jungfrau sei. Die Schwester meinte, man müsse deshalb das kleinste Spekulum nehmen – das, was man auch bei kleinen Mädchen benutzt. Ich brachte mich in Position. Eine Position, die, wie du weißt, ohnehin schon extrem unangenehm ist. Eine junge Ärztin kam ins Zimmer. Zu allem Überfluss riss in genau diesem Moment eine ältere Dame die Tür auf, weil sie ihr Behandlungszimmer nicht finden konnte. Von der Tür aus konnte sie mich zwar nicht sehen, und ich konzentrierte mich voll und ganz darauf, meine Nerven zu behalten, aber die Krankenschwester wurde richtig wütend und herrschte die alte Dame an, sie solle sofort verschwinden. Dann sagte meine Ärztin: „So, jetzt geht's los", und führte das Spekulum plötzlich und viel zu schnell ein. Das Einführen an sich war gar nicht das Problem, es fühlte sich an wie meine drei Finger. Aber dann ... dann öffnete sie das Spekulum und ich spürte, wie meine Vagina weiter gedehnt wurde als jemals zuvor.

In dem Moment habe ich dieses Ding in mir so extrem gespürt, dass ich unter Tränen laut geschrien habe: „Raus damit!" Es war schrecklich ... Ich hatte das Gefühl, als würde ich gerade vergewaltigt werden. Sie wusste, dass ich noch Jungfrau war, aber sie war weder vorsichtig noch respektvoll. Vielleicht wäre es besser gelaufen, wenn sie sich mehr Zeit gelassen hätte. Oder vielleicht gab es für mich auch einfach keine Möglichkeit, mich dabei wohlzufühlen, weil das einfach viel zu viel für meine Vagina war. Ich habe nur noch geschluchzt: „Oh Gott, hol es raus!", und ich bin mir sicher, dass mir nur deshalb nicht schwindelig wurde, weil ich viel zu wütend war, um ohnmächtig zu werden.

Die Ärztin meinte, sie könne jetzt nicht aufhören, weil sie genau in diesem Moment meinen Muttermund im Blick hatte. Sie schabte dort irgendetwas ab und ich spürte einen ganz neuen Schmerz – direkt unter meinem Bauchnabel. Es war so ein seltsames Gefühl, Schmerzen in einem Teil meines Körpers zu spüren, von dem ich bis dahin nicht einmal wusste, dass er existiert. Die Krankenschwester fing tatsächlich an zu lachen (kannst du das glauben?) und zeigte mir das normale Spekulum. Die Ärztin sagte dann auch noch zu der Krankenschwester: „Gott sei Dank ist Dr. Soundso heute nicht hier, der ist erst grob." Ich traute meinen Ohren nicht. Zwei Frauen aus dem medizinischen Fachpersonal, die so unfassbar empathielos zu einer Jungfrau waren! Ich zog mich in Windeseile an. Als ich die Tür öffnete, starrten mich all die Frauen im Wartezimmer überrascht und neugierig an. Ich weiß nicht genau, was in ihren Köpfen vorging, aber ich war mir absolut sicher: Jede Einzelne von ihnen hatte mich laut schreien gehört.

WIE ICH DIE ANGST VOR MEINER EIGENEN VAGINA VERLOR

Nach meiner zweiten gynäkologischen Untersuchung – der mit dem männlichen Arzt – wurden mir ein paar Dinge klar. Es war nicht nur so, dass sich meine Muskeln verkrampften, sobald jemand anderes mich dort unten berühren wollte. Selbst wenn ich versuchte, mich selbst zu berühren, ging es einfach nicht! Es tat sogar weh. Der Tag, an dem ich den Tampon damals ein kleines Stückchen hineinbekommen había, war nur noch eine verblasste Erinnerung. Ich musste mir eingestehen, dass ich eine richtige Phobie vor meiner eigenen Vagina entwickelt hatte – und es wurde von Tag zu Tag schlimmer. Das Zweite, was mir klar wurde, war Folgendes: Ich zog meine Vagina ununterbrochen zusammen. Und zwar völlig unbewusst. Diese Muskeln standen einfach permanent unter Spannung.

Die Überwindung von Vaginismus ist kein leichter Weg. Manchmal war ich in der Lage, ein paar Finger in meine Vagina einzuführen, aber wenn ich eine Zeit lang damit aufhörte, stand ich wieder ganz am Anfang. Es ist ja auch logisch: Wenn man mit dem Training aufhört, verliert man eine Fähigkeit. Man verliert sie zwar nicht völlig, denn der Körper hat so etwas wie ein Muskelgedächtnis. Aber das Problem war, dass ich meine Vagina ununterbrochen anspannte. Dadurch habe ich im Grunde genau das Gegenteil von dem trainiert, was man braucht, um den Vaginismus zu überwinden! Also fing ich an, mein allererstes Problem anzugehen: Ich musste lernen, mich selbst zu berühren, ohne dabei Schmerzen zu haben.

Als meine Periode unregelmäßig wurde, spielten meine Hormone total verrückt. Das ging so weit, dass ich starke Behaarung an den Beinen und Unterarmen bekam. Für mich war das ein weiterer Grund, Jungs erst recht aus dem Weg zu gehen. Als ich dann später etwas Geld sparen konnte, entschied ich mich für eine Laser-Haarentfernung, um dieses haarige Problem endlich zu lösen. Und genau dabei habe ich etwas gelernt, das mir bei meinem ersten Schritt eine riesige Hilfe sein sollte. Wenn man versucht, irgendeine Phobie zu bekämpfen, beginnt der Prozess immer damit, dass man Schritt für Schritt die Angst verliert. Meine allererste Angst war es, den Eingang meiner Vagina überhaupt erst zu berühren. Doch dann erinnerte ich mich an die Laser-Haarentfernung und an die betäubende Salbe, die sie damals auf meine Haut aufgetragen hatten. Ich las ein bisschen über das Produkt nach und fand heraus, dass man es auch für kleinere Eingriffe im Intimbereich verwendet. Also tat ich genau das: Ich betäubte das Areal, um es endlich ohne Angst berühren zu können. Und es funktionierte – es funktionierte tatsächlich.

Diese Art von Salbe ist frei verkäuflich und du kannst sie sogar in kleiner Dosierung an deiner Vagina anwenden. Wenn dir das nicht zusagt, gibt es auch andere Methoden, um deine Empfindlichkeit dort unten Schritt für Schritt zu senken. Du kannst zum Beispiel Eiswürfel in ein Tuch einwickeln oder es mit Wärme versuchen – wie mit warmem Wasser unter der Dusche. Nimm dir einfach Zeit für ein Bad oder probiere beim Duschen den Wechsel zwischen warm und kalt aus. Experimentiere auch ruhig mit verschiedenen Intensitätsstufen des Wasserstrahls. Vielleicht ist das bei dir gar nicht nötig (in meinem Fall war es ein Muss), aber du verlierst definitiv keine Zeit, wenn du lernst, wie deine Empfindlichkeit dort unten funktioniert. Du lernst dadurch deinen eigenen Körper besser kennen. Und genau das ist meiner Meinung nach der Schlüssel: Informationen helfen uns, die Angst vor dem Unbekannten komplett zu verlieren.

Wenn du gelernt hast, dich selbst zu berühren, experimentiere ruhig mit sanfterem und festerem Druck, um deine eigenen Reaktionen zu beobachten. Schritt für Schritt wirst du so die Kontrolle über deinen eigenen Körper zurückgewinnen. Ich muss gestehen, dass genau das mein Ansatz zur Heilung war: meinen Körper wieder selbst zu kontrollieren. Ich kam mir so unglaublich lächerlich vor, als mir klar wurde, dass ich die Kontrolle über etwas verloren hatte, das mir gehörte, das ein Teil von mir war, das ... letztendlich ich selbst war. Mir wurde bewusst, dass ich mich im Grunde selbst verriet.

Aber bitte, ich möchte nicht, dass du dich schuldig fühlst. Wir tragen keine Schuld an all dieser Desinformation. Niemand hat uns über diese Dinge aufgeklärt, oder man hat es schlichtweg falsch gemacht. Ich fing damals einfach an, die Dinge klarer zu sehen, und glaubte fest daran, dass es eine Heilung gibt und dass sie in meiner Reichweite liegt. Ich weiß nicht genau, warum ich solche Angst davor hatte, meine Vagina zu berühren – vielleicht lag es an meiner katholischen Erziehung, an meiner Familie, an meiner Schüchternheit oder schlicht und ergreifend an der Desinformation. Nachdem ich die Angst davor verloren hatte, den Eingang meiner Vagina zu berühren, wollte ich den nächsten Schritt wagen. Das Problem war nur, dass ich mich wieder einmal zu sehr beeilt und es falsch angegangen bin. Du darfst also absolut nichts überstürzen – das ist lebenswichtig.

WIE ICH MEINE JUNGFRÄULICHKEIT AN MICH SELBST VERLOR

Vielleicht denkt jetzt jemand, mein Problem sei gar kein Vaginismus gewesen – ich sei halt einfach nur noch Jungfrau gewesen und das war's. Aber ich sage dir: Als ich meine Jungfräulichkeit verlor, war das Problem immer noch da. Übrigens hatte ich auch schon Sex, bevor ich meine Jungfräulichkeit verlor. Ich meine, Sex ist schließlich nicht nur reiner Geschlechtsverkehr, und ich hatte das Gefühl, keine vollkommene Jungfrau mehr zu sein, auch wenn ich nichts in meine Vagina einführen konnte. Es war ein rein psychologisches Gefühl. Und es war wichtig für mich, dieses Gefühl zu haben, weil ich mich dadurch psychisch bereit fühlte, auch physisch keine Jungfrau mehr zu sein.

Ich will damit absolut nicht deine Meinung über Jungfräulichkeit ändern, falls du selbst noch Jungfrau bist. Meiner Meinung nach sollte das überhaupt kein großes Thema sein. Eine Frau kann schließlich Dinge in ihre Vagina einführen, ohne jemals Geschlechtsverkehr mit einem Mann gehabt zu haben. Jungfräulichkeit bedeutet angeblich ja nur, dass zum ersten Mal ein Penis in eine Vagina eindringt. In unserem Fall halte ich es für den völlig falschen Ansatz, das einfach so zu erzwingen. Wir müssen keine Schmerzen ertragen, wir sollten nicht bluten, wir sollten uns nicht ... opfern. Und ich spreche hier gar nicht nur von Vaginismus. Ich meine damit, dass alle Frauen die Macht über ihre eigene

Vagina haben sollten. Wir dürfen nicht zulassen, dass ein Mann die Kontrolle über unseren Körper übernimmt – erst recht nicht beim ersten Mal. Ich glaube nicht, dass daran irgendetwas Romantisches ist.

In diesem Buch geht es erst einmal gar nicht um unsere Fähigkeit zum Geschlechtsverkehr. Es geht um die Beziehung zu unserer eigenen Vagina und um ihre Fähigkeit, sich zu dehnen. Um ehrlich zu sein, glaube ich nicht einmal, dass es Vaginismus als Krankheit wirklich gibt. Ich denke eher, dass wir es mit einer untrainierten Vagina zu tun haben. Für mich ist Vaginismus also schlichtweg ein (vorübergehender) Zustand, in dem die Vagina keine Penetration zulässt oder sich noch nicht weit genug für den Geschlechtsverkehr dehnen kann.

Ich erzähle dir alles, was mir passiert ist, weil ich hoffe, dass du aus meinen Erfahrungen lernen und die gleichen Fehler vermeiden kannst, die ich gemacht habe. Jetzt erzähle ich dir einen großen, gefährlichen Fehler. Als ich nach so vielen Jahren zum ersten Mal einen Finger einführen konnte, war ich so glücklich und stolz auf mich. In der Tat ist dieser erste Finger der Schlüssel zu Ihrer Genesung. Was danach kommt, ist gar nicht so schwer, wenn man es erst einmal geschafft hat. Wenn du das schaffst, schaffst du auch den Rest, Schritt für Schritt. Aber man muss geduldig sein und darf nichts überstürzen, so wie ich es getan habe.

Zuerst erzähle ich dir, wie ich ganz einfach einen Finger eingeführt habe. Dabei ist es sehr nützlich, einen Spiegel zu benutzen. Die Vagina liegt so versteckt, dass man sie selbst kaum sehen kann. Es ist also völlig normal, dass man nicht weiß, wie sie aussieht oder wie sie funktioniert – ganz anders als beim Penis. Nimm eine bequeme Position ein und lege den Spiegel auf ein Kissen, ein Buch oder Ähnliches, damit du die Hände frei hast. Sorge für eine gute Beleuchtung oder nimm eine Taschenlampe zu Hilfe. Öffne dann die äußeren Schamlippen. Entspanne dich und finde eine Position, in der du alles gut sehen kannst. Du musst dafür weder besonders gelenkig sein, noch deine Beine extrem weit spreizen. Der

Scheideneingang befindet sich hinter den kleinen Schamlippen, daher solltest du diese so weit öffnen, dass du das Innere sehen kannst.

Jede Vagina ist anders. Vielleicht ist dein Jungfernhäutchen noch intakt und du kannst den Eingang deiner Vagina nicht direkt sehen. Aber glaub mir, er ist da. Der beste Beweis dafür ist, dass bei jeder Periode Blut aus deiner Vagina kommt. Wenn du also keine Öffnung erkennen kannst, versuche mal ganz leicht zu pressen – so, als ob du auf Toilette müsstest. Dadurch weitet sich der Eingang ein kleines Stückchen. Sobald du diese kleine Öffnung siehst, und sei sie noch so winzig, hast du quasi den roten Faden in der Hand. Und an diesem Faden fängst du jetzt an zu ziehen, bis du die absolute Kontrolle über deine Vagina hast. Es ist nicht zwingend notwendig, die Öffnung zu sehen, aber es hilft enorm. Egal, ob du sie siehst oder nicht: Der wichtigste Schritt ist jetzt, deinen Finger zu benutzen. Und bitte, tu das niemals trocken! Benutze deinen eigenen Speichel oder ein Gleitmittel auf Wasserbasis. Wenn alles richtig gut geschmiert ist, kann das Wunder bewirken, glaub mir. Genau das ist mir damals bei meinem ersten Tampon passiert, weil mein eigenes Blut wie ein Gleitmittel gewirkt hat. Vielleicht hast du ja sogar Lust, deinen Finger während deiner Periode einzuführen. Ich habe es damals nie versucht, weil sich meine Vagina in der Zeit immer geschwollen und wund angefühlt hat, aber vielleicht hast du dieses Problem ja gar nicht.

Wenn du bereit, gut befeuchtet und entspannt bist, ist der nächste Schritt, deinen Finger einzuführen. Als ich damals versucht habe, meinen ersten Tampon zu benutzen, bin ich eigentlich nur gegen meine Scheidenwand gestoßen. Ich hatte keine Ahnung, wo der Eingang meiner Vagina war, und ich habe diesen Ratschlag „in Richtung des unteren Rückens einführen" einfach nicht verstanden. Die Vagina ist nämlich kein gerader Kanal, sondern direkt am Eingang ein bisschen gebogen (toll, ich weiß ...). Den eigenen Finger zu benutzen, ist aus zwei Gründen eine riesige Hilfe: Er ist ein Teil des eigenen Körpers – kein fremdes Objekt – und außerdem kann man ihn genau so biegen, wie man es gerade braucht. Für mich funktioniert es am besten, ihn von hinten einzuführen. Ich lege eine Hand auf meine Pobacke und gleite dann zum Eingang meiner Vagina hinunter. Wenn dein Finger an oder knapp vor der Öffnung deiner Vagina ist, richte die Fingerspitze in Richtung Enddarm aus und drücke sanft. So bekomme ich den richtigen Winkel am besten hin.

Wenn du dich selbst ganz sanft berührst und dich von außen nach innen vorarbeitest, ist es nur eine Frage der Zeit, bis du deine Vagina auch im Inneren berühren kannst. Genau so habe ich angefangen, die Kontrolle über meine Vagina zurückzugewinnen. Das war mein Ansatz zur Heilung und ich hoffe, es wird auch deiner sein. Du musst die Kontrolle über sie übernehmen und darfst nicht zulassen, dass sie dein Leben kontrolliert. Am Ende ist die Vagina schließlich auch nur ein Muskel – zwar ein bisschen anders als der Rest und um einen Hohlraum herum gelegen, aber eben ein Muskel. Und da sie ein Muskel ist, kann sie ihr Verhalten durch Massage und Training verändern. Genau das ist der Schlüssel: Trainiere deine Vagina. Die gute Nachricht ist: Egal, wie lange sie verschlossen war, sie wird auf dein Training reagieren. Meine war jahrzehntelang wie zugemauert, dein Fall kann also gar nicht viel schlimmer sein.

Wenn du zum ersten Mal versuchst, deine Vagina zu dehnen – diesen Muskel zu dehnen –, hast du natürlich Angst, dass es wehtun wird. Und tatsächlich tut es erst einmal weh. Das ist ja auch logisch: Es ist etwas völlig Neues, das dein Körper so noch nie gemacht hat. Es ist genau so, als ob man untrainiert anfangen würde zu laufen, ohne sich vorher aufzuwärmen: Die Beine tun weh, die Muskeln machen komplett dicht, und es fühlt sich an, als würden Nadeln in die Haut stechen ... Es ist eben eine ganz neue Erfahrung, und man ist nervös, selbst wenn man versucht, sich zu entspannen. Und genau diese Nervosität macht alles nur noch schlimmer.

Es heißt oft, Vaginismus sei ein reines psychologisches Problem.

Das stimmt zwar so nicht, ist aber auch keine Lüge. Es gibt definitiv eine psychische Komponente, denn unsere Gedanken haben eine enorme Macht. Wenn du glaubst, dass du etwas schaffen kannst, dann schaffst du es auch. Wenn du denkst, du kannst es nicht, blockierst du dich selbst. In beiden Fällen entscheidet das, was sich in deinem Kopf abspielt – völlig unabhängig von der Realität. Ich will jetzt natürlich nicht behaupten, dass man aus dem Fenster springen und fliegen kann, aber du weißt, was ich meine. Die allermeisten Frauen können ihre Vagina ganz normal benutzen, also kannst du das auch. Deine braucht eben einfach nur erst einmal ein bisschen Training. Das ist alles.

Man muss sowohl an seinem Körper als auch an seinem Geist arbeiten. Man muss sich klarmachen: Es tut vielleicht weh, aber es ist keine Qual – und beim nächsten Mal wird der Schmerz schon viel nachlassen.

Als ich meinen Finger schließlich mehrere Male ganz leicht einführen konnte, versuchte ich es mit zwei Fingern. Danach mit dreien. Und eines Morgens wachte ich auf und spürte, dass meine Vagina ... weit war. In der Nacht zuvor hatte ich einen Orgasmus, als ich meine Klitoris berührte. Es war einfach unglaublich, so etwas hatte ich noch nie zuvor gefühlt. Meine Vagina war wie von selbst total weit! Ich war tiefenentspannt, es war mein erster Urlaubstag seit Langem, und das Wunder geschah. Doch genau in dem Moment vergaß ich, dass ich es eigentlich ruhig angehen lassen musste, und machte einen Fehler.

Ich hatte da so einen zylinderförmigen Gegenstand, der einem Penis ähnelte – er gehörte eigentlich zu einem Set, um meine Haare zu locken. Er war weich und etwa so dick wie zwei meiner Finger zusammen. An der Spitze war er flach und hatte ein faltiges Plastikteil. Plötzlich kam mir eine Idee: Ich könnte ihn in meine Vagina einführen. Es schien genau der richtige Zeitpunkt zu sein, um mal etwas anderes als meine Finger auszuprobieren. Also stand ich auf und tat es. Er ließ sich leicht einführen, aber ich war einfach zu schnell. Ich vergaß völlig, dass die Vagina ein Ende hat, und so stieß die faltige Spitze direkt an meinen empfindlichen Muttermund. Es tat furchtbar weh. Meine Muskeln zogen sich sofort zusammen und ich spürte, wie sie sich regelrecht um den Zylinder klammerten. Mir wurde schwindelig, genau wie damals bei meinem ersten Tampon, und ich zog ihn panisch heraus. Er war ... blutverschmiert. Ich werde wohl nie erfahren, ob es daran lag, dass mein Jungfernhäutchen gerissen war, oder ob der Zylinder meinen Muttermund verletzt hatte. An diesem Tag habe ich noch bis zum Nachmittag geblutet. Es war eine leichte Blutung, so wie am letzten Tag der Periode. Genau so habe ich meine Jungfräulichkeit an mich selbst verloren.

Irgendwie war ich froh, dass ich alleine war, als es passierte. Wenn ich mit einem Mann zusammen gewesen wäre, der seinen Penis benutzt hätte ... diese Vorstellung ist für mich ehrlich gesagt absolut schrecklich. Aber diese Art von blutiger Geschichte erleben leider viele Frauen. Wenn du das Gefühl hast, dass du etwas verlierst, wenn du deine Jungfräulichkeit verlierst, ist genau das vielleicht auch der Grund für deinen Vaginismus. Ich denke, das kann eine unbewusste Angst sein. Wenn das bei dir der Fall ist, solltest du dir vor Augen führen, dass Jungfräulichkeit nichts ist, was man verliert. Es ist schlichtweg das erste Mal, dass du etwas tust – oder genauer gesagt: dass du etwas gewinnst, nämlich Erfahrung und sexuelle Freiheit.

Ich denke, das Jungfernhäutchen kann einer der Gründe für Vaginismus sein. Aber man kann es eben Schritt für Schritt dehnen, anstatt es plötzlich zu zerreißen – wie es leider viel zu oft passiert. In meinem Fall war ich noch Jungfrau, weil ich keinen Geschlechtsverkehr haben konnte, und ich hatte keinen Geschlechtsverkehr, weil ich noch Jungfrau war. Es ist ein brutaler Teufelskreis. Aber du kannst ihn selbst durchbrechen. Dank meiner Ratschläge brauchst du keinen Mann, um diesen Knoten zu lösen.

MEIN ERSTES SEXUELLES ERLEBNIS

Nach der Erfahrung mit dem Zylinder habe ich einige Monate gewartet, bevor ich meine Vagina wieder trainiert habe. Ich dachte, ich sei jetzt voll und ganz bereit für den Geschlechtsverkehr. Ich war über 30, als ich meinen ersten Freund hatte. Zu diesem Zeitpunkt habe ich ihm nichts über meine Vagina erzählt. Ich wollte das Thema gar nicht in den Mittelpunkt stellen, ich wollte einfach nur „normal" sein. Eines Tages nahm er mich mit zu sich nach Hause und ich war neugierig, wie es wohl mit ihm sein würde. Wir hatten uns vorher erst ein paar Mal geküsst. An diesem Tag gingen wir ins Bett und hatten Oralsex – beide von uns. Doch dann versuchte er plötzlich, einen Finger einzuführen. Ich hatte überhaupt nicht damit gerechnet. Er war ziemlich grob. Ich glaube, er dachte, Frauen stehen darauf ... und es tat weh. Danach hatte ich absolut keine Lust mehr, es mit dem eigentlichen Geschlechtsverkehr zu versuchen.

Ich sagte ihm, ich sei einfach nicht entspannt genug, und wir machten andere Sachen. Wenigstens hatte ich an dem Tag einen schönen Orgasmus. Aber ich wusste, dass ich für den Geschlechtsverkehr einfach noch nicht bereit war. Und an dieser Stelle muss ich etwas ganz Wichtiges sagen: Das Gute daran, so lange mit meiner eigenen Sexualität allein gewesen zu sein, war, dass ich mich selbst zutiefst gut kannte. Mein Vergnügen gehörte mir ganz allein, dafür war ich von keinem Mann abhängig. Ich fühlte mich zu nichts gezwungen, was vermeintlich „normal" war. Ich hatte nie Geschlechtsverkehr gebraucht, um meine Orgasmen zu haben. Tatsächlich ist die Vagina nicht unser eigentlicher Lustpunkt, sondern unsere Klitoris. Natürlich ist die Vagina zum Gebären da, und man muss sie benutzen, wenn man Kinder haben will. Aber glaube bloß nicht, dass du nur dann Lust empfinden kannst, wenn du einen Penis in deine Vagina einführst. Das ist nur das, was alle glauben wollen – vor allem die Männer. Es ist schlichtweg ein Irrglaube, der bei beiden Partnern nur unnötig Angst und Stress verursacht.

Dieser Typ war nicht dumm (nur eben ein Arschloch ...), sodass er schnell merkte, dass ich noch Jungfrau war. Er hat mich ausgelacht, und ich habe natürlich sofort mit ihm Schluss gemacht. Man muss sich selbst respektieren und von jedem Mann Respekt und Verständnis einfordern. Wenn du noch nie selbst einen Orgasmus hattest, rate ich dir dringend dazu, es auszuprobieren. Selbst wenn deine Religion dir einredet, dass es etwas Schmutziges sei: Du solltest wenigstens in der Lage sein, deine Vulva zu berühren – genau so, wie du jeden anderen Teil deines Körpers berühren kannst.

Aber ich möchte das Thema Sex hier gar nicht zu sehr in den Mittelpunkt stellen, auch wenn es natürlich damit zusammenhängt. Es geht erst einmal darum, dass du die Kontrolle über deinen eigenen Körper zurückgewinnst – und von diesem Punkt an entscheidest ganz alleine du, was du möchtest. Wenn man jedoch gar keine Wahl hat, bedeutet das eine enorme persönliche Einschränkung. Genau deshalb habe ich auch immer und immer wieder versucht, gegen das Verkrampfen meiner Vagina anzukämpfen. Doch bevor ich fortfahre, lass uns kurz über die Anatomie der Vagina sprechen.

WIE WICHTIG ES IST,
DIE EIGENE VAGINA
ZU KENNEN

Im Internet findet man zwar unendlich viele Informationen darüber, aber echte, anschauliche Bilder gibt es kaum. Also, legen wir los: Der äußere Teil der Vagina ist die Vulva. Dort befinden sich die äußeren und die inneren Schamlippen. Vielleicht stehen deine inneren Schamlippen etwas hervor und sind von außen sichtbar – aber mach dir bloß keine Sorgen, das ist völlig normal und bei den meisten Frauen so. Die Klitoris befindet sich ganz oben, direkt dort, wo die inneren Schamlippen aufeinandertreffen. Ein Stückchen weiter unten liegt die kleine Öffnung der Harnröhre. Und wenn du deine inneren Schamlippen sanft öffnest, siehst du schließlich den Eingang deiner Vagina.

Das Jungfernhäutchen ist – falls überhaupt noch eines vorhanden ist – wie ein elastischer Ring. Es sieht nicht bei jeder Frau gleich aus, aber es besteht aus einem wesentlich dünneren Gewebe als die Vaginalwände. Du kannst es dir in etwa so vorstellen wie die Haut auf der Innenseite deiner Wangen. Das Wichtige daran ist: Es kann sich dehnen, aber eben auch einreißen. Manche dehnbaren Jungfernhäutchen sind so elastisch, dass sie eine Penetration zulassen und sich danach wieder in ihren Ursprungszustand zurückziehen. Andere hingegen sind so fest oder dick, dass sie operativ geöffnet werden müssen. Normalerweise blutet es, wenn es zu abrupt gedehnt wird, weil das Gewebe dann einreißt. In meinem Fall habe ich nach dem Vorfall mit dem Zylinder nie wieder geblutet. Ich vermute deshalb, dass sich mein Jungfernhäutchen –

oder das, was davon noch übrig war – danach mit der Zeit einfach ganz allmählich gedehnt hat.

Hinter dem Jungfernhäutchen – das übrigens die engste Stelle der Vagina ist – kommen wir zu einem anderen Bereich. Dort, zwischen der Vagina und der Bauchdecke, befindet sich das Schambein. Du kannst von außen über deine Vulva drücken, um zu spüren, wo genau es liegt. Die Innenseite dieses Knochens fühlt sich an wie ein schwammiges, leicht faltiges Gewebe – und genau dort befindet sich auch der G-Punkt. Wenn du ihn stimulierst, wird dein Orgasmus unglaublich intensiv und kommt viel schneller. Als ich das erste Mal drei Finger tief in mich eingeführt habe, durfte ich genau das erleben.

Der Rest dieses Bereichs fühlt sich ähnlich an. Die Vagina ist innen nicht glatt, sondern hat eine Art Ringe, die sich ausdehnen, sobald sie sich öffnet. Als ich damals anfing, meine Vagina zu dehnen, fiel es mir leichter, den Druck nach hinten – also in Richtung Enddarm – auszuüben. Man muss einfach den Punkt finden, der sich am leichtesten dehnen lässt. Hinter diesem Bereich liegt der tiefste Teil der Vagina. Dort wird sie wieder schmaler. Das ist völlig logisch, wenn sie bisher nicht beansprucht wurde. Die Muskeln sind an dieser Stelle ziemlich fest. Aber wie bei jedem anderen Muskel auch werden sie durch Massage weicher. Am Anfang musst du gar nicht so tief vordringen, und die eigenen Finger kommen dort ohnehin nicht so leicht hin. Am Ende der Vagina befindet sich der Muttermund. Das ist der Übergang, der mit der Gebärmutter verbunden ist und der sich bei einer Geburt öffnet. Es ist ein sehr empfindlicher Bereich, wie ich schmerzhaft bei meiner Krebsvorsorge gelernt habe. Es kann wehtun, wenn der Penis dagegen stößt. Aber über den Muttermund hinaus kann absolut nichts eingeführt werden – erschrick also nicht, wenn dein Tampon mal zu tief rutscht. Entspanne dich einfach und zieh ihn heraus. Er kann unmöglich in deinem Körper verloren gehen.

PRIMÄRER UND SEKUNDÄRER VAGINISMUS

Vielleicht kennst du den Unterschied bereits, aber ich werde ihn dir trotzdem kurz erklären. Von primärem Vaginismus spricht man, wenn du noch nie etwas in deine Vagina einführen konntest. Sekundärer Vaginismus liegt vor, wenn es früher einmal ging, aber ab einem bestimmten Moment plötzlich nicht mehr.

Vielleicht denkst du im ersten Augenblick, dass ein sekundärer Vaginismus schwer zu glauben ist – weil es sich komisch anfühlt, wieder einen Rückschritt zu machen, wenn man seine Vagina eigentlich schon kontrollieren konnte, oder? Aber wenn man ein traumatisches Erlebnis durchmacht, kann man ganz leicht wieder komplett am Anfang landen. Das Gute daran, wenn du deine Vagina in der Vergangenheit schon benutzen konntest, ist: Du hast bereits ein wichtiges Fundament für deine Heilung. Wenn du es damals geschafft hast, wirst du es auch in Zukunft wieder schaffen!

Primärer und sekundärer Vaginismus ähneln sich zwar, sind aber dennoch verschieden. Es ist in etwa so, als würde man zum allerersten Mal für die Olympischen Spiele trainieren – im Vergleich zu jemandem, der nach einer schweren Verletzung wieder ins Training einsteigt. Beides sind extrem herausfordernde Situationen, aber natürlich kann man beide überwinden. Es sei denn, du bist Opfer von sexuellem Missbrauch geworden oder befindest dich in einer Situation, die eine professionelle psychologische oder medizinische Begleitung erfordert.

DU BIST HERRIN ÜBER DEINEN KÖRPER

Ich halte es für sehr wichtig, diesen Punkt ganz klar zu betonen. Vielleicht hast du dich aus irgendeinem Grund dazu entschieden, auf Sex zu verzichten. Du kannst heterosexuell, homosexuell oder auch asexuell sein. Vielleicht bist du eine gläubige Katholikin. Vielleicht bist du verheiratet oder hast dich dazu entschieden, für immer ledig zu bleiben. Vielleicht bist du gerade bereit zu heiraten, dich scheiden zu lassen oder mehr oder weniger sexuell aktiv zu sein. Was ich damit sagen will, ist: Völlig unabhängig davon, wie deine aktuelle Situation aussieht und was deine Pläne für die Zukunft sind – das Wichtigste ist, dass du dir von absolut niemandem vorschreiben lässt, was du zu tun oder zu lassen hast. Wenn du dieses Buch liest, nur um deinem Partner zu gefallen und „normal" zu sein, oder wenn du ihn insgeheim eigentlich gar nicht genug magst, um Sex mit ihm haben zu wollen: Fühl dich bitte zu nichts gedrängt. Es ist dein Leben und dein Körper. Du allein hast die Kontrolle über deine Vagina – und zwar nur für dich selbst, und nicht, weil dir irgendjemand sagt, dass du es tun sollst.

Ich erzähle dir das, weil ich selbst meine Vagina manchmal bis zum Äußersten trainiert habe – nur aus der Angst heraus, mich vor dem Mann an meiner Seite „abnormal" zu fühlen. Und das Traurige daran ist, dass es Männer waren, die in meinem Leben letztendlich überhaupt keine Rolle spielten. Ich habe damals auch den Fehler gemacht, dem falschen Mann von meinem Vaginismus zu erzählen, und habe es danach bitter bereut. Es ist völlig in Ordnung, kein Geheimnis daraus zu machen – aber eben zum richtigen Zeitpunkt und der richtigen Person gegenüber. Es gibt absolut keinen Grund, das Thema an die große Glocke zu hängen.

Ich wiederhole es noch einmal: Überstürze nichts. Mach keinen zweiten Schritt, bevor du den ersten nicht wirklich meisterst. Tu es für keinen Mann – nicht einmal für den einen, ganz besonderen Mann, der dich wirklich verdient. Tatsächlich solltest du dich gerade für diesen besonderen Mann erst recht nicht zwingen. Denn sonst wird aus deinem Vaginismus ganz schnell euer gemeinsamer Vaginismus. Aber kommen wir nun zu den Männern.

VAGINISMUS UND MÄNNER

Ich habe im Internet so viele Geschichten von betroffenen Frauen gelesen, und die allermeisten sorgen sich darum, in ihrer Beziehung „den Test nicht zu bestehen". Vielleicht geht es dir gerade ganz genauso. Vielleicht hast du sogar das Gefühl, deinen Partner zu hintergehen, weil du ihn liebst und es dir unfair vorkommt, ihm diese intimen Momente vorzuenthalten. Aber lass dir eines gesagt sein: Er hat dich als seine Partnerin gewählt, und deshalb sollte er sich genauso wie du mit euren Problemen auseinandersetzen – oder zumindest die Situation nicht noch schlimmer machen.

Ich erinnere mich an den ganz besonderen, ungewöhnlichen und seltenen Erfahrungsbericht eines Mannes über den Vaginismus seiner Partnerin. Es war so berührend, dass es mich fast zu Tränen gerührt hat. Er war so verständnisvoll und einfühlsam. Er sagte, er würde so lange warten, wie sie es eben brauchte, ohne sie jemals unter Druck zu setzen – denn sie sei schließlich die Liebe seines Lebens. Ist das nicht unglaublich? Genau das sollte die normale Reaktion sein. Das ist die Einstellung, die dein Partner haben sollte. Bitte versuche nicht, deinen Vaginismus für jemand anderen zu überwinden, egal wie sehr du ihn liebst. Tu es nur für dich selbst und weil du deinen eigenen sexuellen Horizont erweitern möchtest.

Ich habe dir ja schon von dem ersten Mann erzählt, der wusste, dass ich noch Jungfrau war. Er hat mich damals einfach nur ausgelacht und für eine Lügnerin gehalten. Er konnte es gar nicht glauben, weil ich schon so „alt" war. Andere Männer wussten von nichts; einige hatten zwar so einen Verdacht, aber ich habe es nie jemandem komplett anvertraut. Bis ich ihn traf.

Ich dachte, er sei es wert, dass ich mich ihm öffne. Aber selbst da erinnerte ich mich immer wieder daran, meine Muskeln ganz ohne Eile zu trainieren. Ich weigerte mich strikt, meine Entscheidung zu gefährden, das alles einzig und allein für mein eigenes Wohlbefinden zu tun. Und er übte auch keinen Druck aus. Natürlich wollte er eigentlich gerne weitergehen, und das hätte er auch liebend gern getan. Glücklicherweise war er sehr aufgeschlossen, und so genossen wir die gemeinsame Zeit in vollen Zügen, ohne uns auf den Geschlechtsverkehr zu fokussieren.

Dein Gehirn kann dich betrügen – und ich werde dir auch sagen, warum. Als ich Single war, fühlte ich mich völlig frei beim Trainieren meiner Vagina. Ich verschwendete keinen Gedanken daran, es für irgendwen anderes zu tun. Aber sobald ich einen Mann traf, hatte ich plötzlich das Gefühl, ich würde nur noch für ihn trainieren. Der Schlüssel liegt darin, deine Gedanken richtig auszurichten. Vielleicht findest du ja einen zusätzlichen Ansporn darin, deinem Partner zu gefallen. Aber fixiere dich bloß nicht darauf und lass vor allem nicht zu, dass er das Ganze zu einem stressigen Thema macht. Vergiss nicht: Es ist dein Körper, es ist dein Geist.

Dein Gehirn kann dich betrügen – und ich werde dir auch sagen, warum. Als ich Single war, fühlte ich mich völlig frei beim Trainieren meiner Vagina. Ich verschwendete keinen Gedanken daran, es für irgendwen anderes zu tun. Aber sobald ich einen Mann traf, hatte ich plötzlich das Gefühl, ich würde nur noch für ihn trainieren. Der Schlüssel liegt darin, deine Gedanken richtig auszurichten. Vielleicht findest du ja einen zusätzlichen Ansporn darin, deinem Partner zu gefallen. Aber fixiere dich bloß nicht darauf und lass vor allem nicht zu, dass er das Ganze zu einem stressigen Thema macht. Vergiss nicht: Es ist dein Körper, es ist dein Geist.

Meiner Erfahrung nach war allein der Gedanke schrecklich, mich jemandem hinzugeben, der mir wehtun könnte – selbst wenn er es gar nicht beabsichtigt. Sobald du die Kontrolle über deine Vagina hast, liegt die Lösung für genau diese Angst darin, die Kontrolle über den Geschlechtsverkehr zu übernehmen, zumindest beim ersten Mal. Ich hoffe, dein Partner ist verständnisvoll und einfühlsam genug, dir das zu überlassen. Wenn es dir hilft und er damit einverstanden ist, kannst du ihm sogar die Hände fesseln. Vielleicht reicht es aber auch schon, wenn du die Reiterstellung einnimmst, sodass er keine Stoßbewegungen machen kann und du dich jederzeit zurückziehen kannst, falls es doch wehtut. Wenn du bereit bist – nachdem du gelernt hast, deine Vagina alleine oder in seiner Gegenwart zu entspannen, ohne dass sein Penis im Spiel ist –, kannst du dir einfach vorstellen, dass du deine Übungen wie gewohnt alleine machst. Nur dass du diesmal eben auch einen Teil seines Körpers mit einbeziehst.

Zwischen deinen Übungen mit den Fingern und dem Moment, in dem du seinen Penis einbeziehst, könntest du – wenn du möchtest – versuchen, einen Gegenstand als Zwischenschritt zu benutzen. Ich meine damit nicht diese riesigen Plastikteile, die auf den ersten Blick so furchterregend wirken, sondern einen kleinen Bullet-Vibrator, der etwa so dick wie ein Lippenstift ist. Das fühlt sich ähnlich an wie ein Finger und du kannst es benutzen, um deine Scheidenwände zu massieren und dich ganz in Ruhe daran zu gewöhnen, einen Fremdkörper in dir zu spüren.

Ich möchte dir einen nützlichen Tipp geben, wie du das gemeinsam mit deinem Partner üben kannst. Sobald du ein paar Finger einführen kannst, ist diese Übung perfekt für dich. Führe einen deiner Finger ein und dehne die Vagina ein wenig – so, wie ich es später noch genauer erklären werde. Bitte ihn dann, seinen Finger ganz vorsichtig neben deinen Schandfinger zu schieben. Oder noch besser: Führe seinen Finger mit deiner anderen Hand, damit es keine unangenehmen Überraschungen gibt, wenn er den Eingang deiner Vagina erreicht. Ziehe dann deinen Finger heraus und lass seinen drin. Auf diese Weise kannst du dich ganz leicht und Schritt für Schritt an das Gefühl gewöhnen und verhinderst, dass er dort unten planlos „herumstochert".

Während die wichtigste und herausforderndste Hürde deines Solo-Trainings darin besteht, diesen allerersten Finger zu bewältigen, liegt die Hauptschwierigkeit bei der vollständigen Penetration darin, den präzisen Winkel zu finden, damit er nicht gegen eine Wand stößt. In diesen ersten Momenten musst du die Muskeln vorbereiten und dehnen – entweder alleine oder mit ihm an deiner Seite –, direkt bevor er eindringt. Bedenke jedoch, dass der Geschlechtsverkehr eine gegenseitige, schöne Erfahrung sein sollte, die von gemeinsamer Reibung getragen wird. Dein Körper wird sich niemals wie ein lebloses, gefühlloses Stück Gummi verhalten, das ein Gegenstand einfach so passieren kann, ohne dass du überhaupt etwas spürst. Wenn das der Fall wäre, hättest du es mit dem exakt gegenteiligen Problem zu tun.

Während manche Frauen ihre Beckenbodenmuskulatur trainieren müssen, um sie zu stärken oder zu straffen, ist dein Ziel hier das genaue Gegenteil: Du trainierst, um die Spannung loszulassen und Schmerzen zu beseitigen. Sei unbesorgt, dein Körper bleibt dennoch fest genug, um eine tiefgreifend schöne Erfahrung zu ermöglichen. Tatsächlich liegt der Grund, warum wir bei der internen Penetration Lust empfinden, darin, dass die Klitoris viel größer ist, als man von außen sieht – ihre inneren Strukturen umschließen und umarmen den Vaginalkanal regelrecht und reagieren auf genau diese interne Reibung.

Zunächst kannst du vielleicht erst einmal nur die Spitze des Penis einführen. Dieser Teil ist etwas flexibel und abgerundet, sodass er sich leichter an den Scheideneingang anpasst. Außerdem ist die Spitze in der Regel die schmalste Stelle des Penis – obwohl natürlich jeder Penis anders ist. Du kannst deine Klitoris und den Scheideneingang mit seiner Eichel berühren und sanft reiben, während du natürlichen Speichel oder ein Gleitmittel verwendest, bevor du versuchst, einen Schritt weiterzugehen. Kurz gesagt: Es ist genau derselbe Vorgang, den du auch schon alleine gemacht hast, indem du zuerst den äußeren Teil massierst und dann das Innere ent-

spannst. Wenn du deinen ganzen Körper lockerlässt, erregt dich
die Gegenwart deines Partners, wodurch deine Vagina feucht wird
und sich ganz von alleine öffnet und weitet.

BRECHEN WIR MIT DEN PSYCHOLOGISCHEN TABUS

Vaginismus ist zum Teil eine körperliche Einschränkung und zum Teil eine mentale Blockade. Es ist nicht nur reine Kopfsache, wie manche Leute behaupten, aber es ist eben auch nicht alles rein körperlich. Jahrelang habe ich Fortschritte gemacht, nur um danach wieder Rückschritte zu erleben – bis ich schließlich meinen ganz persönlichen Schlüssel zur Heilung fand. Ich hatte es so unglaublich satt, mich wegen meiner Vagina abnormal zu fühlen. Und dann las ich irgendwo etwas, von dem ich heute gar nicht mehr weiß, wo es war. Es fühlte sich an wie das letzte Puzzleteil, das mir fehlte, um das Problem endlich an der Wurzel zu packen. In meinem Fall war der heilende Gedanke dieser: Ich wollte und ich konnte die Kontrolle über meinen eigenen Körper zurückgewinnen – genau so, wie ich auch viele andere Dinge im Leben erreicht hatte. Ich war zwar nicht mehr so jung wie andere Frauen, die keinen Vaginismus hatten, aber dafür half mir meine allgemeine Lebenserfahrung enorm weiter.

Brechen wir mit ein paar dieser falschen Vorstellungen, die wir alle irgendwann einmal hatten und die pures Gift für die Überwindung von Vaginismus sind. Und wir werden gleich sehen, warum sie alle auf einem Irrglauben beruhen.

• Da drin ist einfach kein Platz für irgendetwas.

Du weißt tief im Inneren, dass das absolut nicht stimmt. Aber du kommst zu diesem Schluss, weil du dich anders und abnormal fühlst. Aber es gibt keine zu engen Vaginas – es gibt nur untrai-

"

nierte Vaginas.

• Es wird sowieso wehtun.

Die menschliche Natur ist weise. Wenn du beim Geschlechtsverkehr oder beim Einführen eines Tampons Schmerzen hast, sagt dir deine Vagina damit nur, dass sie einfach noch nicht bereit ist. Klar, Schmerz ist Schmerz, wenn er da ist. Aber das heißt noch lange nicht, dass es für immer so bleiben wird. Und wenn du Schmerzen spürst, hör einfach auf und versuch es an einem anderen Tag ganz in Ruhe von vorn.

• Ich möchte weiterhin Jungfrau bleiben.

Du bist nichts Besseres oder Besonderes, nur weil du noch Jungfrau bist. Manche Frauen werden sogar ganz ohne Jungfernhäutchen geboren. Du kannst sexuell aktiv sein, ohne jemals Geschlechtsverkehr zu haben. Wenn deine Vagina am Eingang eng ist, ist das nur ein vorübergehender Zustand. Du musst für niemanden „deine Reinheit bewahren". Es ist völlig sinnlos, sich darauf zu fixieren – ganz egal, was dein soziales Umfeld oder deine Religion dir einredet. Es geht hier einzig und allein um dich und um einen Muskel deines Körpers. Wenn man es so nüchtern betrachtet, ist das Konzept der Jungfräulichkeit schlichtweg lächerlich.

• Ich verspüre einfach kein Verlangen nach meinem Partner.

In dieser Frage musst du absolut ehrlich zu dir selbst sein. Vielleicht ist es nur die Angst vor dem Schmerz – oder vielleicht liebst du ihn einfach nicht genug. Möglicherweise empfindest du unbewusst eine Abneigung gegen ihn, und so etwas lässt sich in einem so intimen Moment nun mal nicht verbergen. Wenn das der Fall ist, könnt ihr versuchen, eine Paartherapie zu machen, um eure Beziehung zu retten. Oder du solltest ernsthaft über eine Trennung nachdenken. Lass jedoch auf keinen Fall zu, dass eine unglückliche Beziehung deinen Fortschritt mit deiner Vagina blockiert. Du kannst sie mit oder ohne Partner trainieren, und in beiden Fällen tust du es nur für dich selbst – um wieder die Herrin über deinen eigenen Körper zu sein. Erst ab diesem Punkt entscheidest ganz alleine du, ob du deinen Körper überhaupt mit jemandem teilen möchtest und wie weit du gehen willst.

• Es ist zu früh; Es ist zu spät.

Ich habe meine Vagina jahrelang vernachlässigt und das im Nachhinein bitter bereut. Selbst wenn du überhaupt nicht vorhast, in nächster Zeit Sex zu haben, solltest du so früh wie möglich mit dem Training beginnen. Das bedeutet absolut nicht, dass du dich beeilen oder irgendetwas überstürzen musst – genauso wenig, wie das Mitführen von Kondomen in der Handtasche bedeutet, dass man ständig auf der Suche nach Sex ist. Es ist schlicht und ergreifend eine Frage der Vorbereitung. Einfach für alle Fälle.

Vielleicht denkst du auch, dass es bereits zu spät und du schon zu alt bist. Vielleicht stehst du sogar kurz vor den Wechseljahren, sodass du glaubst, keinen Sex mehr haben oder keine Kinder mehr bekommen zu können. Es stimmt natürlich, dass man ab einem gewissen Alter nicht mehr auf natürlichem Wege schwanger werden kann – aber heutzutage gibt es schließlich auch die Möglichkeit der künstlichen Befruchtung, um ein Kind zu bekommen. Außerdem weißt du nie, wann der richtige Mann in dein Leben tritt. Wobei du eigentlich gar keinen „Mr. Right" brauchst, sondern einfach nur jemanden, den du attraktiv findest. Hast du nicht auch schon mal gehört, dass es nie zu spät ist, mit Sport anzufangen? Genau dasselbe gilt für deine Vagina, denn sie ist am Ende auch nur ein Muskel. Es ist niemals umsonst. Du wirst so glücklich sein, wenn du diese Herausforderung erst einmal gemeistert hast. Du wirst dich in deinem gesamten Alltag viel selbstbewusster und sicherer fühlen. Und selbst wenn es nicht sofort klappt: Du kannst es für den Rest deines Lebens weiter versuchen und dich jedes Mal ein kleines Stückchen weiter vorarbeiten.

• Das ist nichts für mich. Ich kann auch ohne eine elastische Vagina leben.

Du hast jedes Recht, so zu denken. Aber du verlierst absolut nichts, wenn deine Vagina etwas elastischer wird. Ganz im Gegenteil: Bei manchen Frauen müssen im Laufe des Lebens medizinische Eingriffe über die Vagina durchgeführt werden, weil dieser Zugangsweg für Chirurgen schonender ist, als den Körper an einer anderen Stelle aufzuschneiden. Wenn ein solcher Eingriff irgendwann einmal notwendig sein sollte, nimmt man sich selbst im Vorfeld eine wichtige Behandlungsoption, wenn die Vagina komplett blockiert ist.

• Dafür habe ich einfach keine Zeit.

Nun, das ist die typische Ausrede, mit der wir versuchen, unser eigenes Gehirn auszutricksen. Aber wenn uns etwas wirklich wichtig ist, finden wir immer einen Weg und tun alles, um es zu erreichen. Und nichts im Leben sollte dir wichtiger sein, als deinen eigenen Körper in der bestmöglichen Verfassung zu wissen.

• Das wird bei mir sowieso nicht funktionieren.Im allerschlimmsten Fall wirst du am Ende nicht einmal einen einzigen Finger hineinbekommen. Aber selbst dann wirst du lernen, dich zu entspannen, deinen eigenen Körper viel besser kennenzulernen und über deine ganz persönlichen Bedürfnisse nachzudenken. Kurz gesagt: Du wirst auf diesem Weg so oder so über dich hinauswachsen. Und wer weiß, vielleicht nimmst du in Zukunft einfach noch mal einen neuen Anlauf – mit viel mehr Energie, Mut und neuer Begeisterung.

• Ich habe keinen Freund, also muss ich mir jetzt noch keine Sorgen machen.

Du hast ihn jetzt vielleicht noch nicht, aber irgendwann wirst du einen Partner an deiner Seite haben. Oder gehst du Männern in Wahrheit vielleicht einfach nur unbewusst aus dem Weg? Wie dem auch sei: Je früher du diese Sache für dich klärst, desto besser. Warte nicht erst, bis du in einer Beziehung bist. Denn dann wird dein Problem ganz schnell auch zu seinem Problem – und das bedeutet puren Stress für dich y ist unpraktisch oder unfair ihm gegenüber, selbst wenn er dich natürlich unterstützen sollte.

• Wenn ich meine Vagina trainiere, fühle ich mich abnormal.

Man kann es doch mal so sehen: Alle sexuell aktiven Frauen trainieren ihre Vagina im Grunde ständig – sei es durch den Geschlechtsverkehr mit ihrem Partner oder ganz für sich allein. Und Frauen ab einem bestimmten Alter trainieren ihre Beckenbodenmuskulatur oft mit Kegel-Übungen, um sie fit zu halten. Du trainierst hier also lediglich einen ganz bestimmten Teil deiner Muskulatur, und das ist absolut nichts Ungewöhnliches.

Wenn du dieses Buch liest, bedeutet das ohnehin, dass du einen Schritt nach vorne machen oder es zumindest versuchen willst. Ich muss dich also gar nicht mehr großartig anspornen. Kommen wir nun zum wichtigsten Teil auf dem Weg zu einer schmerzfreien Vagina: Wie genau lässt sie sich dehnen?

WIE ICH MEINE VAGINA TRAINIERT HABE

Ich werde dir jetzt erzählen, wie ich meine Vagina Schritt für Schritt gedehnt habe. Es ist unheimlich wichtig, dass du das Ganze langsam angehst. Wenn du das Gefühl hast, dir selbst wehzutun, schaltet dein Gehirn sofort auf Blockade und du wirst nicht weitermachen können. Bevor du überhaupt irgendetwas einführst, solltest du überprüfen, ob du deine Beckenbodenmuskeln gerade unbewusst anspannst. Wenn ja, lass diese Anspannung ganz bewusst los. Die ersten Male solltest du vollkommen entspannt sein. Nimm dir Zeit für eine wohltuende Massage oder wähle einen Moment der absoluten Ruhe – vielleicht nach einem warmen Bad oder direkt nach dem Aufwachen. Suche dir einen gemütlichen Ort, an dem dich absolut niemand stören kann. Du kannst dich aufs Bett legen oder in die Badewanne setzen.

Massiere zuerst den Bereich um das Schambein und danach den Scheideneingang. Wenn du dich bereit fühlst, führe deinen Finger ein, nachdem du ihn gut mit Gleitmittel befeuchtet hast. Eine Zeit lang musst du erst einmal gar nichts weiter tun. Benutze nur einen einzigen Finger und bewege ihn nicht. Lass ihn einfach genau dort. Es geht erst einmal nur darum, dich an das Gefühl zu gewöhnen. Nach einer Weile kannst du anfangen, ihn ganz vorsichtig ein bisschen zu bewegen. erst einmal nur darum, dich an das Gefühl zu gewöhnen. Nach einer Weile kannst du anfangen, ihn ganz vorsichtig ein bisschen zu bewegen.

Du kannst das fest in deine Entspannungsroutine einbauen. Du musst das nicht jeden Tag machen, wenn du nicht möchtest. Es sollte sich leicht anfühlen und auf keinen Fall in Stress ausarten. Es reicht völlig, wenn du es an ein paar Tagen in der Woche machst, um dich dann Schritt für Schritt weiter vorzuarbeiten. Wenn du eine Weile geübt hast, brauchst du auch gar nicht mehr so viel Vorbereitung und wirst viel schneller Fortschritte machen. Es wird der Punkt kommen, an dem du nur noch ein paar Finger für ein paar Sekunden einführen musst. Genau so halte ich mich selbst fit und trainiere meine Flexibilität. Und falls du mal eine Zeit lang nicht geübt hast, mach dir bloß keine Sorgen: Fang einfach ganz entspannt wieder von vorne an.

Als ich erst einen Finger einführen konnte, habe ich diese Übung manchmal beim Masturbieren gemacht, während ich gleichzeitig meine Klitoris stimulierte. Ich erinnere mich noch gut daran, dass meine Vagina so extrem verkrampft war, que me dolía el propio dedo. Denn wenn ich einen Orgasmus hatte, zogen sich alle Muskeln schlagartig zusammen und mein Finger war wie darin gefangen. Und ein Finger hat nun mal einen Knochen im Inneren – man kann sich also lebhaft vorstellen, wie sich ein Penis unter einem so enormen Druck anfühlen muss.

Du kannst jederzeit trainieren – oder eben dann, wenn du dich richtig lustvoll fühlst. Das ist sogar eine sehr gute Idee, denn so verbindest du die Übung direkt mit etwas Positivem. Außerdem kann sich deine Vagina viel leichter dehnen, wenn du erregt bist.

Wenn du dich mit dem ersten Finger wohlfühlst, hast du den Kampf gegen den Vaginismus eigentlich schon fast gewonnen. Die Vagina ist ein faszinierender Muskel und ihre Elastizität ist einfach erstaunlich. Man muss sich ja nur mal vor Augen führen, wie eine Frau ein Kind zur Welt bringt. Und da es sich um einen Muskel handelt, kann er sich eben dehnen und auch wieder zusammenziehen. Der Schlüssel liegt darin, dass du sie in einem für dich passenden Tempo dehnst – und diese Entscheidung liegt ganz allein bei dir. Vielleicht benutzt du einen Finger ein ganzes Jahr lang, bevor du es mit dem zweiten versuchst. Oder vielleicht probierst du den zweiten schon nach einem Monat aus. Das Einzige, was zählt, ist, dass du überhaupt Fortschritte machst. Überstürze einfach nichts und mache nicht dieselben Fehler, die ich damals gemacht habe.

Der erste Finger ist also der wichtigste – er ist der Schritt, mit dem ein langer Weg beginnt. Danach ist alles nur noch eine Frage der Zeit und der Übung. Erforsche deine Vagina in deinem ganz eigenen Tempo und du wirst sehen, wie sie auf das Training reagiert. Wenn du dich erst einmal daran gewöhnt hast, einen Finger in dir zu spüren, fange an, ihn ganz sanft zu bewegen. Natürlich wirst du anfangs auf verhärtete Muskeln stoßen. Das liegt einzig und allein am fehlenden Training. Berühre die Stelle, an der du diese Verhärtung spürst, und massiere sie genau dort. Nach ein paar Sekunden, während du deinen ganzen Körper lockerlässt, wirst du merken, wie sich auch dieser Bereich entspannt. Mach es langsam und benutze dafür erst einmal nur deine Fingerspitze. Du kannst auch sanften Druck gegen die Vaginalwände ausüben, wenn sich das für dich gut anfühlt. Zum Schambein hin ist nicht besonders viel Platz. Der hintere Teil – also in Richtung Enddarm – ist normalerweise weicher. Die Seitenbereiche sind meistens nicht ganz so weich. Wenn du es schaffst, diese Zonen zu lockern, hast du schon bemerkenswerte Arbeit geleistet.

Als ich zwei Finger einführen konnte, wurde mir etwas sehr Wichtiges klar: Die Vagina kann sich zwar an die Form des eingeführten Objekts anpassen, aber sie bleibt im Grunde immer ein Stück weit rund oder zylindrisch. Ich meine damit: Wenn man zwei Finger einführt, bleibt daneben immer noch ein bisschen Platz frei. Du kannst deine Finger also ganz vorsichtig bewegen, um die Elastizität der Vaginalwände zu testen. Und genau das ist der riesige Unterschied zwischen meiner Methode und diesen teuren Dilatatoren. Wenn du den kleinsten Dilatator einführen kannst, bedeutet das noch lange nicht, dass dir das auch mit dem nächsten gelingt. Denn mit einem starren Dilatator kann man eben keinen gezielten, sanften Druck auf die Scheidenwände ausüben. Aber mit der eigenen Fingerspitze kann man das sehr wohl! Wenn du also einen Finger einführen kannst, versuche, deine Vagina sanft zu dehnen, indem du ganz bewusst gegen den hinteren Teil und die Seitenbereiche drückst.

Am Anfang ist alles fest. In meinem Fall war es damals hart wie ein Stein. Ich dachte, es sei vollkommen unmöglich, dass das jemals weicher werden könnte. Aber wenn man mit dem Finger sanft drückt – langsam, vorsichtig und während man sich dabei entspannt –, dann verspreche ich dir: Der Muskel lockert sich. Das ist genau dasselbe, wie wenn dein Nacken oder deine Schultern verspannt sind und du eine Massage bekommst. Schritt für Schritt wird sich deine Vagina also durch das Massieren entspannen, und dein Finger wird viel leichter vordringen können.

Wenn du keine Angst mehr davor hast, deine Vagina zu berühren, und du dir deiner Fortschritte sicher bist, kannst du auch etwas fester drücken. Wenn du möchtest, benutze jeweils einen Finger von jeder Hand und drücke sie vorsichtig in entgegengesetzte Richtungen. Du kannst jederzeit aufhören, sobald es wehtut, oder noch eine Weile weitermachen, wenn du dich bereit dazu fühlst. Das ist übrigens auch ein sehr guter Zeitpunkt, um die Betäubungscreme aufzutragen. Und falls das Jungfernhäutchen dabei einreißen sollte: Erschrick nicht. Ob es uns nun gefällt oder nicht – wir Frauen sind es schließlich gewöhnt, während unserer Menstruation zu bluten. Aber du solltest es unbedingt ruhig angehen lassen, um keine Komplikationen zu riskieren. Und natürlich solltest du einen Arzt aufsuchen, falls du dich verletzt hast. Ich möchte dich hier absolut nicht zu unüberlegten Dingen ermutigen. Bitte gehe langsam vor und führe den nächsten Finger erst dann ein, wenn du dich mit dem vorherigen Schritt vollkommen wohlfühlst. Vergiss nicht, deine Vagina ganz bewusst zu entspannen, sobald dein Finger drin ist. Atme tief durch und mache dir immer wieder klar, dass alles gut ist.

Die Dilatatoren erlauben es dir nicht, deine Vagina ganz allmählich zu dehnen, wie ich dir schon sagte. Zudem reichen sie im Gegensatz zu deinen Fingern viel zu tief hinein. Die einzige Herausforderung bei den Fingern besteht darin, die richtige Position für das Einführen zu finden. Wenn du auf dem Bett oder in der

Badewanne liegst, ist es wesentlich einfacher – vor allem, wenn du irgendwann drei oder vier Finger einführst. Ab diesem Punkt wird ein Penis wahrscheinlich ganz leicht in deine Vagina eindringen können.

Der Eingang deiner Vagina ist ein sehr sensibler Bereich. Sobald du einen Finger einführst, merkst du, dass hinter diesem Eingang alles viel weicher ist. Du kannst deinen Finger leicht krümmen, um den Bereich direkt dahinter zu massieren und zu versuchen, ihn von innen heraus zu dehnen. Jeder noch so kleine Fortschritt ist willkommen. Es liegt ganz allein an dir, herauszufinden, was für deine Vagina am besten funktioniert.

In meinem Fall war genau das der Schlüssel: mit dem oder den Fingern gezielt nach innen zu drücken, um Platz für den nächsten zu schaffen. Natürlich kann man einen Penis nicht stückweise einführen. Du musst also üben, mehrere Finger gleichzeitig einzuführen, sobald deine Vagina dafür bereit ist. Dann wirst du sehen, dass sich das ganze vorherige Training absolut gelohnt hat. Du setzt drei oder vier gut eingeölte Finger an den Eingang deiner Vagina an und führst sie dann mit einer festen, fließenden Bewegung ein. Natürlich wirst du diesen Druck spüren – genau wie beim Geschlechtsverkehr –, aber deine Finger werden leicht gleiten und du wirst kein unangenehmes Gefühl dabei haben, weil du dich bereits an diese Empfindung gewöhnt hast. Wenn du an diesem Punkt angelangt bist, bist du bereit für den Geschlechtsverkehr. Ich bin mir absolut sicher, dass du es schaffen wirst, wenn du es versuchst. Wenn jemand wie ich es geschafft hat, dann schaffst du das erst recht!

EIN PAAR LETZTE RATSCHLÄGE

Manche Frauen glauben tatsächlich, dass sie die Schmerzen beim ersten Geschlechtsverkehr – oder zu jedem anderen Zeitpunkt – einfach aushalten müssen. Das ist eine weitverbreitete Annahme, und ich finde es furchtbar, so zu denken. Diese Desinformation kann so viel Schaden anrichten. Oft kennen wir unseren eigenen Körper nicht und wissen nicht, wie er funktioniert. Genau deshalb ertragen viele Frauen den Schmerz resigniert oder vermeiden den Geschlechtsverkehr komplett, wodurch sie letztendlich einen Vaginismus entwickeln. Du allein hast das Recht zu entscheiden, wann und wie du deinen eigenen Körper kennenlernen möchtest. Bitte unterwirf dich nicht den vermeintlich „normalen" gesellschaftlichen Normen, die dir auferlegt werden.

Das Gleiche gilt übrigens auch für die Männer. Wenn wir unseren eigenen Körper schon nicht kennen, wissen sie meistens noch viel weniger darüber. Die allermeisten von ihnen kennen doch oft nur diese perfekt „vorgedehnten" Vaginas aus Pornos. Auf der anderen Seite gibt es viele verheiratete Frauen, die noch nie Geschlechtsverkehr hatten und einfach auf ein Wunder warten. Sie hoffen darauf, dass eines Tages wie durch Zauberhand ein Penis in ihre Vagina eindringt – und das ganz ohne vorheriges Aufwärmen. Oder sie versuchen es einfach mit der falschen Herangehensweise, indem sie es direkt mit dem Partner ausprobieren, ohne vorher jemals alleine geübt zu haben. Aber du musst nicht leiden, nur um einem Mann zu gefallen! Und man darf nicht vergessen: Er könnte am Ende selbst Angst bekommen, dich zu verletzen, was zu Erektionsstörungen führen kann. Oder er könnte das Gefühl haben, dass du ihn als Mann ablehnst.

Es gibt so etwas wie „normalen Sex" einfach nicht. Oder besser gesagt: Beim Sex ist alles normal, je nachdem, wie man es betrachtet. Vergiss das Wort „normal" am besten komplett. Das Einzige, was wirklich normal ist, ist deine Angst davor, bei einer neuen und unbekannten Erfahrung verletzt zu werden – und niemand kann dir dafür jemals einen Vorwurf machen. Fühl dich also nicht schuldig und schäme dich nicht, weil deine Vagina anders ist als die anderer Frauen ... zumindest jetzt noch. Abgesehen von einigen sehr seltenen Fällen anatomischer Fehlbildungen, die operiert werden müssen, lässt sich die Wahrheit ganz einfach auf den Punkt bringen: Die allermeisten Vaginas lassen sich dehnen. Deine auch. Ich hoffe von ganzem Herzen, dass meine Ratschläge hilfreich für dich sind, und danke dir vielmals fürs Lesen.

Ich wünsche dir nur das Beste für deine Zukunft.

www.ingramcontent.com/pod-product-compliance
Lightning Source LLC
Chambersburg PA
CBHW012312240726
48656CB00008B/2654